100%
自己決定！

身體界線怎麼建立？

學習身體自主和表達感受

文・圖／瑞秋・布瑞恩 Rachel Brian

譯／羅吉希

獻給我的三個孩子：蘿拉、米羅和恩佐。
你們強烈鮮活的獨特性激勵我，為我的生命帶來許多愛。
而且，你們三個小傢伙甚至可以自己準備起司盤！

身體界線怎麼建立？
學習身體自主和表達感受
作者｜瑞秋‧布瑞恩 Rachel Brian
翻譯｜羅吉希

字畝文化創意有限公司
社長兼總編輯｜馮季眉
責任編輯｜巫佳蓮
美術設計｜文皇工作室

出　　版｜字畝文化／遠足文化事業股份有限公司
發　　行｜遠足文化事業股份有限公司
　　　　　（讀書共和國出版集團）
地　　址｜231新北市新店區民權路108-2號9樓
電　　話｜(02)2218-1417
傳　　真｜(02)8667-1065
客服信箱｜service@bookrep.com.tw
網路書店｜www.bookrep.com.tw
團體訂購請洽業務部 (02) 2218-1417 分機1124

法律顧問｜華洋法律事務所　蘇文生律師
印　　製｜中原造像股份有限公司

2023年1月　初版一刷　2024年7月　初版四刷
定價｜350元　書號｜XBTH0078　ISBN｜978-626-7200-21-6

國家圖書館出版品預行編目（CIP）資料

身體界線怎麼建立？學習身體自主和表達感受/
瑞秋‧布瑞恩(Rachel Brian)文‧圖；羅吉希譯.
-- 初版. -- 新北市 : 字畝文化出版 :
遠足文化事業股份有限公司發行,
2023.01 ; 64面 ; 15 x 20.3公分
譯自 : Consent (for kids!) : boundaries, respect, and
being in charge of you
ISBN 978-626-7200-21-6(精裝)

1.CST: 兒童保護 2.CST: 安全教育 3.CST: 漫畫

548.13　　　　　　　　　　　　　　　111015305

特別聲明：有關本書中的言論內容，不代表本公司／出版集團之立場與意見，文責由作者自行承擔。

歡迎翻開這本書!

這本書是特別為你而製作的!

耶!我喜歡為我準備的禮物!

順便說一聲,這本書是給你們每一個人的!

好啦!我知道這些人沒有一個長得像你,
(我聽說,你是有鼻子的。)
但是,就把他們其中一個當成你吧!

這本書可以

幫助你了解、實踐自主權

沒錯!

幫助你建立堅實的友誼

提供能夠幫助你的管道

這本書不能

唱傻呼呼的歌給你聽

臭襪子♪最讚!

3

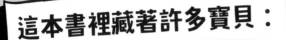
這本書裡藏著許多寶貝：

故事！

想法！

堅定的態度！

迷你漫畫！

讀這本書可以讓你明白：

自主權是什麼？

（劇透：就是身體自主權。）

設定界線的方法：

捶！
敲！
捶！

呃……不是這個意思。

如何支持朋友？

你超強的！

哈！

你能改變主意嗎？

不。

等等，好啊！

人們或貂獾可以傷害你嗎？

我覺得不行。

什麼是友誼健康的基礎？

尊 重

還有更多知識！

衝啊！我要來讀第1章了！

1 你可以決定！

太好了！

身體自主權是什麼呢？

如果「你」是一個國家，你就是這個國家的 國王！

我在此鄭重宣誓：我能夠決定
這個國家（自己）怎麼做！

擁有自己身體的主權，
意思就是：

100%
都是
我的！

← 自己的身體
自己管

你的身體全部由你作主。

身為國王，
你可以劃定你自己的
身體界線！

太棒啦！

咦？等等，
「身體界線」是什麼
意思啊？

身體界線
就是一種限制。

你的身體界線，
就是在你覺得舒適的範圍，
畫出一條看不見的邊界……

我們交換帽子戴！

好呀！

你想分享
我的薯條嗎？

好啊！

去我們家玩！

好棒！

來吧！我們
來跳水！

耶！

讓你覺得不舒服的事，也可以隔絕在你的界線之外。

對於不同的人，你會有不同的界線。

你和不同人的界線，也會隨時間不同而**改變。**

人際交往的方式，
可以有很多種。

嘿，我們來擊掌！

擁抱對方！

點頭示意！

不要碰到我，拜託！

揮揮手！

我只會抱我的親親小寵物……

我家的貓

大口吸貓！

我喜歡這個詞，要牢牢記起來！

身體自主權的意思是：

你可以選擇如何管理、照顧自己的身體。

所以，當親切的歐巴桑說：

來啊，小寶貝！
讓我捏捏親親
你可愛的小胖臉！

想想看，你該怎麼辦？

你還是可以自己決定！

好喔，當然啦……

有時候，如果關係到
我們自己或他人的安全，
就必須聽從別人的指示。

舉例來說，在很多車輛
忙碌來去的停車場裡，
我們就要把手牽好。

生病要按指示服藥，
才能早日康復。

抱歉啦！
你一定得
吃藥。

← 可信賴的
大人

紅燈

過馬路時，要遵守
紅綠燈號誌。

但是，就算是前面的狀況，你還是可以表達自己的心情。

2 相信你的直覺！

我有事想告訴你！

你身體的直覺會幫助你
了解什麼狀況是安全的。

如果你的直覺告訴你，
當你靠近某個人的時候……

讓你感覺有點噁心，

或是感覺非常噁心，

你也可以不再接觸這些人！

如果有人不尊重你畫出的界線，
或是強迫你改變決定，
你得認真告訴可以信任的人。

或

能夠信任的朋友

能幫助你的大人
（像是輔導員、爸媽或老師）

雖然不是每個人都能幫上忙，
你還是要找到願意而且有能力幫助你的人。

不太能夠能上忙的傢伙

你到底要什麼？

嘓！

哈哈！

?

氣噗噗的午餐阿姨

小嬰兒

自稱是「朋友」，
卻會嘲笑你的人！

家裡養的狗狗
或盆栽

3 尊重自己與他人的 身體自主權

每個人的界線都不一樣,

所以,在做任何行動之前,
一定要了解別人是否同意。

你想要
抱抱嗎?

不想。

「同意」一件事,
代表你也願意去做那件事。

牽涉到彼此身體的時候,
更需要我們的同意。

21

舉例來說，你想幫忙別人穿越馬路……

聽起來是件好事吧？

讓我來幫忙！

不過……　要是他們不想要你幫忙呢？

要是在對方回應之前伸手碰他們，那就不是幫忙，是突然抓住別人！

救命！

咚！
咚！
咚！

等等！我只是想幫忙啊！

就算只是想幫忙，也必須得到別人的同意。

懂了！

我們可以捏別人嗎？

捏別人不太好吧？

對呀！我可不喜歡別人隨便捏我！

除非情況像這樣：

好喔！

謝謝！

捏我一下！我怕我是在做夢！

捏！

獲得獎金五百萬！

同意這件事
包括兩個部分：
1. 練習告訴別人你的感覺

重點：表達要**清楚**、**直接**。
（多練習幾次，你就知道要怎麼說了！）

注意聽別人說話！

有時候，對你來說
沒什麼大不了的事情……

也許對於別人來說，
是一件嚴重的大事！

話說回來，你怎麼知道
別人同意還是不同意呢？

有猜心術之類的
神奇魔法嗎？

好消息！
的確有個好方法！

直接問他們就好啦！

（然後，記得專心聽他們怎麼回答。）

有的時候，你會得到
非常清楚的回答……

但是，有的時候，答案**不會很明顯**

雖然嘴裡說「好」，但是表情很害怕

四肢僵硬，動彈不得，說不出話

無奈的聳肩

不接話，轉移話題

以上這些反應，有清楚表達他們是否**同意嗎？**

沒有。

這樣的情況

不是
真正的同意。

我們可以從對方的衣著，看出他是否同意嗎？

千萬不要用別人的穿著，
判斷他們想要做什麼。

即使是一樣的衣服，
每個人穿著的原因也截然不同。

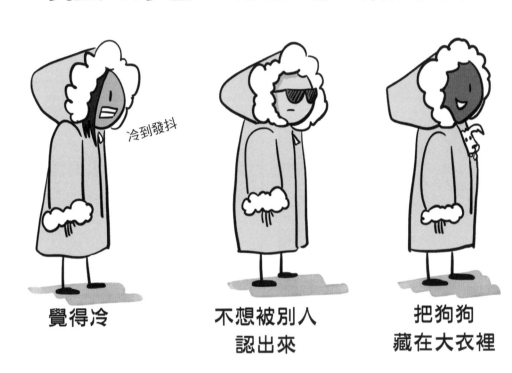

覺得冷

不想被別人
認出來

把狗狗
藏在大衣裡

我們不能從穿著判斷
一個人是否同意。

當然囉，
怎麼可以
這樣！

所以，要細心聆聽、留意觀察
別人**真實而清楚的意願**

特別是和
當事人的身體
有關的時候。

如果你不能確定，
那他的答案就是 **不要**

你可能不知道！

有時候，人們不是故意要跨過你的界線。

所以，你要明確告訴別人你的界線在哪裡，他們才有機會改善。

迷你漫畫

搔癢真的好玩嗎？

用漫畫學習身體界線①

搔癢真的好玩嗎？

用漫畫學習身體界線②

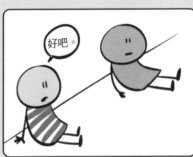

4 「好哇！」不過，「果然還是算了！」

你可以隨時改變心意！

當你設定了界線，但是感覺有點不大對勁時……

別害怕！
你可以直接改變心意！

假如有一天，你遇到了
一個超可愛的外星人。

嗨！我是格魯格。

為了慶祝跨銀河的友誼與和平，
格魯格想給你一個抱抱。

但是他的擁抱，
好像和你想的不一樣：

要抱抱嗎？

好啊！

天哪！

喔哈哈哈！！

這種時候，你當然可以改變心意！

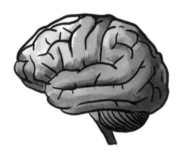

我變了！

你確實曾經想要抱一下，

我現在只想揮揮手。

喔，好吧。

但你現在不想要了。

呼～

事情就是這麼簡單。

或者，你曾經**嘗試**過某件事，
但你卻發現自己根本不喜歡。

這時再改變主意，
也一樣沒問題

（就算你之前說過一百萬次「我願意」也沒關係！）

你可能不知道！

有時候，有些人會因為你改變主意
而覺得沮喪，或是不高興。

你說過
你願意啊！

你昨天
還說好的！

可是你
答應過我了！

你這個
大騙子！

他們可能因此覺得沮喪、惱怒，
甚至非常氣憤，
但你還是得做出決定！

畢竟這是我的身體呀！

40

有人送你一隻煩人的貓……

關於人際界線的迷你漫畫

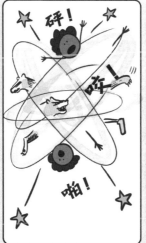

※不是所有動物都能當成寵物飼養，若是有野生動物跑到家裡，請通報縣市政府協助處理。

有人送你一隻煩人的貛……

續集來了！

 我要送你一隻貛！

 我之前養了一隻貛，下場有點慘……

 雖然牠很可愛，大家也都覺得牠很酷，但是牠會攻擊我，真的非常危險。

 所以我做了一個告示牌！

惡貛止步！

 現在，我比較想養安全、合法，喜歡讓人抱抱摸摸的寵物！

 選我！選我！

全劇終

5 培養健康的人際關係

人際關係有很多種：

親子關係	手足關係	主人和寵物

親戚關係	朋友關係	老師或教練

專業顧問	情侶關係	陌生人
醫師		 他是誰？

如何判斷你的人際關係是否健康？

你可以直接問自己！

和這個人在一起時，我有什麼**感覺**？

感到**安全及被尊重**，可以自在的表達自我！

就算我穿著傻呼呼的吊帶褲，你還是喜歡我！

沒錯！

覺得**緊張擔憂**，怕一不小心就惹他人生氣。

喔，不。我如果遲到，他們會對我大吼大叫！

你要小心！

忍不住**討厭**自己。

我腦袋不好，又長得很醜，實在太慘了！

這樣不好吧。

滿心歡喜，對未來**充滿希望**。

來做些好玩的事吧！

太讚啦！

所有的人際關係，
都免不了會有衝突。

但是，只要你們能夠
清楚表達並
尊重彼此的界線，
就能安全過關。

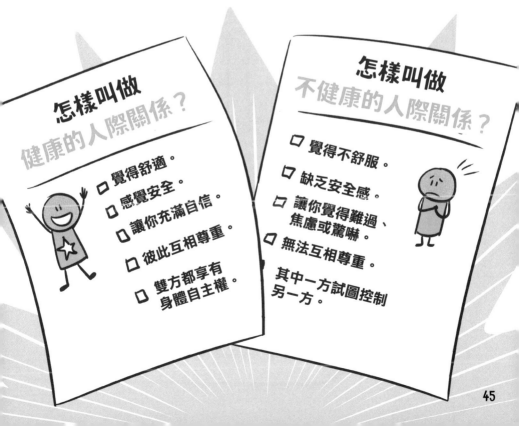

怎樣叫做
健康的人際關係？

- ☐ 覺得舒適。
- ☐ 感覺安全。
- ☐ 讓你充滿自信。
- ☐ 彼此互相尊重。
- ☐ 雙方都享有
  身體自主權。

怎樣叫做
不健康的人際關係？

- ☐ 覺得不舒服。
- ☐ 缺乏安全感。
- ☐ 讓你覺得難過、
  焦慮或驚嚇。
- ☐ 無法互相尊重。

其中一方試圖控制
另一方。

你可能不知道！

如果有人
賄賂你，

或是威脅你
做某些事，

都不能代表你同意！

大部分外表和善的人，都**真的很和善**！

所以，通常一個人願意
努力贏得你的信任時，
他會做這些事……

太棒了！有這些願意支持你、
引導你的人陪伴著你。

但是，有些人和你打好關係，是因為想**利用你的信任**。

這種罪行被稱為誘騙兒童！

當心以下警訊：

要你保密

不要告訴別人喔

?

刻意孤立

耶！我們終於兩人獨處了！

不自然的接觸或要求

我想要這樣……

!

威脅或控制

你敢不聽話？

?

遇到這種人，
絕對不是
你的問題！

如果大人對小孩
做了不該做的事情，
這**100%**是
大人的錯！

你可以改變你對一個人的信任。

如果你很相信的人，做了一些你不能信任的事，
你就該改變對他們的想法，收回你的信任。

6 自我反省時間！

你說我嗎？

每一次別人不尊重
我們身體界線的時候，
我們都記得一清二楚。

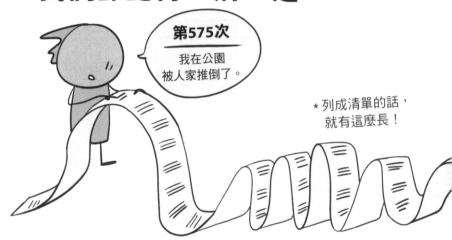

第575次

我在公園
被人家推倒了。

*列成清單的話，
　就有這麼長！

但是，現在是反省自己的時候了！

你自己
是否尊重別人的
身體界線呢？

關於我 迷你漫畫

哈囉！

我是一個非常尊重身體界線的人。啊，請稍等一下。

嘿！
推開！

讓我處理一下我弟弟喔。我的意思是……

對啊，我是滿尊重別人的——好啦，也不是每次都尊重啦！

嗚嗚嗚……

在我小時候，就算我家的貓不高興，我也會一把抱住牠……

為何是我？
喵喵！

我會拽著還是小嬰兒的弟弟到處跑來跑去……

來嘛！
不要！

當我很生氣時，會把朋友推倒在地上！

哇啊

但是，我現在打算改善……呃，好吧……

啜泣

真的很對不起！

我們很容易注意自己的需要，
而忘記聆聽別人說話。

即使有些人不在，
和他們有關的事情，
還是需要他們本人的同意。

你可能不知道！

未經一個人允許，
不能把他們的 **照片** 或
 **影片** 傳給其他人看！

（就算是他們寄給你的也不行！）

為什麼不行呢？

因為這些照片或影片不是你的，只有在
照片或影片中的人才能決定要給誰看。

而且，一旦你把照片或影片傳出去，
你就沒辦法控制會傳去哪裡了……

大家都看到了

糟糕！

叮咚！

你的
朋友

而且，如果你傳的是未滿
十八歲的人的裸照，那你
就**犯法**了！

這是很嚴肅的！

拍攝這種照片是犯法的，分
享這種照片也是違法行為！

剛開始的時候，
學習互相尊重真的不容易。

身體自主權
需要大家一起練習。

在你的四周，有愈多人練習確認彼此的意願，大家就會愈自然而然的尊重彼此！

7 你可以執行救援任務！

太好了！

現在，你知道如何設定自己的界線，
也懂得透過聆聽，了解別人的意願；
但是，如果你發現**其他人**
遇到困難的時候，該怎麼辦呢？

他慘了

嘿！住手！
別這樣！

你　　　　　　　　　　其他人

57

幫助別人的4個方法

（如果情況太危險，直接跳到第4步驟！）

你不一定能保護**所有人**的安全……

啊！我才剛披上我的超人斗篷呢！

但是你的**支持**，會讓事情變得不一樣。

我相信你。

我會陪著你的。

那不是你的錯。

謝謝你。

支持你的好朋友。

我很擔心你耶。

要是有人遇到困難，非常傷腦筋的時候，盡可能伸出援手。

你需要幫忙嗎？

而且最重要的，是要讓他們知道——

如果有人未經同意就越過他們設定的界線，

那絕對不是他們的錯。

8 互相幫助，團結力量大

身體自主權範圍該有多大？每個家庭的
看法都不一樣。換句話說，有些小孩不
知道身體的哪些部分可以自己管理。

去幫大家
弄些晚餐回來！

呃……

15,000年前的家庭
可能是這樣的！

有些家長會尊重
每個孩子的想法。

有些家長則認為
應該替孩子決定。

你喜歡穿哪件？

這件！

來吧，
把這件穿上！

哦？
好！

5分鐘後

怪怪的

如果你的家人支持你的
選擇，那就太棒了！

如果他們不支持你的話，
怎麼辦呢？

你或許可以這樣做：

向支持你的朋友
尋求幫助。

和周圍的大人聊聊，
說明你的感受。

想想如果你是大人
的話，會怎麼做。

如果有些人的舉動不只讓你覺得煩，而是有人已經⋯⋯

用暴力傷害你

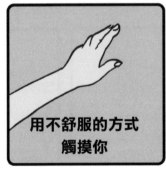

用不舒服的方式
觸摸你

讓你很害怕

如果你不知道該怎麼辦，**你就應該找人幫忙。**
（快翻到求助資源那一頁！）

找出你的同伴！
不是你遇到的每一個人，都能了解
身體自主權。
正因為如此，你必須建立
能夠支持你的友誼防護網！

找到那些願意尊重你、聽你說話，
重視你，而且能幫助你成長的人，
他們一定能夠成為你的力量！

（而且，你也要用同樣的方式支持他們！）

如果你需要幫助！

假使有人未經你的允許，
就闖入你的界線之內，傷害你，
讓你覺得混亂或是不安全——快向周圍的人求助！

能夠信任的大人

例如：家長、老師或輔導員。

緊急時刻，
撥打110報案

這是保護小孩的電話！

撥打113保護專線

上網求助

關鍵字：
兒少保護專線

無論你同意不同意，
很多事情是小孩沒辦法決定的。

你要知道那些事

絕對不是你的錯！

而且，
你不孤單！

希望你趕快找到能夠
支持你、保護你的人！

夥伴

☆ 謝 辭 ☆

感謝我親愛的編輯，莉莎‧約克維茲和蘿拉‧侯斯莉—兩位聰明又思慮周到的評論和建議，讓這本書得以成形。能夠和兩位合作真是莫大的榮幸，而最終的成果也展現了我們合作的力量！

感謝克萊娜‧格拉達，藉著她神奇的藝術指導，以及在技術層面極富助益的有效回饋。還有安妮‧麥克威爾、蘿拉‧漢布烈頓以及樺樹出版的工作團隊，是你們讓這本書如此美麗。

感謝我的經紀人，班特經紀公司旗下的莫莉‧葛懷恩，願意協助我的作品出版，我衷心感謝這一路上有你的知識、引導和技藝相伴。

特別感謝專業審讀者對內容快速且富洞見的回饋：克里斯蒂‧柯索卡、莎拉‧派特斯、吉姆‧阿伯達，以及傑西‧博克。

感謝莎拉‧布瑞恩，你是激發靈感、合作討論，充滿憐憫同情的完美同伴。

至於芭芭拉和唐‧布瑞恩，謝謝你們經常提供早餐餵飽我！

蘿拉‧衛斯寶格，是你智慧的言語，幫助我在不確定和歡喜並存的時刻，仍能保持腳踏實地和理智的狀態。

傑利‧塔巴特，你是我堅固如磐石的靠山。

作者介紹

瑞秋・布瑞恩 Rachel Brian

　　藍椅子工作室的創辦人和首席動畫師,曾在高中和大學教授生理學、生物學和數學,是一名研究員和教育家。她製作的影片〈同意喝茶與積極同意〉被翻譯成二十多種語言,且在全球平台上擁有超過1.5億次觀看。

譯者介紹

羅吉希

　　臺北市大教育研究所博士候選人,現任校園出版社編輯,曾任國語日報週刊主編、聯合報綜藝中心編輯。譯有繪本《我不怕,我有守護熊》、《微光小鎮,圍牆不見了》、《爺爺的有機麵包》、《國王、獅子與錢幣》,及青少年讀物《箴言部落格》、《天生遜咖成大器》。